AF224511

RÉFLEXIONS

SUR

LA SESSION

DE 1822.

Par M. E. A DE GÉRONVAL.

A PARIS,

Chez l'Auteur, quai de Bourbon, N°. 27; et à la librairie des *Annales françaises*, boulevard du Temple, N°. 45.

1822.

Ouvrages nouveaux qui se trouvent au bureau des ANNALES. FRANÇAISES :

Considérations sur l'Industrie, présentées au Roi, par M. A. de Géronval.

Les Espérances d'un Français au berceau de monseigneur le Duc de Bordeaux, présentées à madame la Duchesse de Berry, et agréées par S. A. R. ; par le même.

Mémoires sur les Jachères, présentés au Roi, par le même.

Projet d'une Ferme expérimentale, par le même.

Le Soldat vendéen, hommage au brave Henri de La Roche-Jacquelin, par le même.

Lettres sur la Champagne, dédiées à madame la comtesse de Genlis, et présentées au Roi, par le même auteur ; un volume in-12 : prix 2 fr. 5o c., et 3 fr. par la poste.

S. A. R. MONSIEUR, Frère du Roi, et S. A. R. madame la Duchesse de Berry ont daigné souscrire pour un certain nombre d'exemplaires de cet ouvrage.

(*Extrait de la* QUOTIDIENNE *du* 15 *mai* 1822.)

« Il serait à désirer que sur chaque province de la France,
» il parût un travail aussi complet que celui qui vient d'être
» publié sous le titre de *Lettres sur la Champagne* ; nous
» pourrions alors nous vanter de posséder une véritable his-
» toire nationale. En effet, dans les *Lettres sur la Champa-*
» *gne,* dues à M. de Géronval, on trouve un abrégé des faits
» les plus mémorables dont cette province a été le témoin ;
» une histoire complète de ses antiquités, la nomenclature de
» tous les hommes illustres qu'elle a vu naître, et enfin une
» sorte de statistique de ses ressources et de son industrie.
» Mêlant l'agréable à l'utile, M. de Géronval a embelli ses
» récits, d'une foule d'anecdotes amusantes et d'observa-
» tions fines sur les mœurs et les habitudes champenoises.
» Enfin, cet ouvrage, qui se recommande encore par les
» meilleurs sentimens religieux et politiques, ne peut man-
» quer d'obtenir un véritable succès. »

Notice sur CHAMBORD, par M. Gilbert ; prix ; 1 fr.

Notice sur la *Nouvelle Statue de* LOUIS XIV, *avec figures ;* prix : 1 *fr.* 25 *c.*

RÉFLEXIONS

SUR

LA SESSION

DE 1822.

Les orateurs de l'opposition ont prouvé, pendant la dernière session, qu'ils ne dédaignent aucun moyen de servir le parti qu'ils ont embrassé. Combien de fois, et avec quelle modération, les hommes vertueux qui composent le ministère remarquable que la Providence vient enfin d'accorder à la France, ont-ils mis au jour la perfidie et la mauvaise foi de quelques membres du côté gauche ! le mensonge et la calomnie sont les armes ordinaires des libéraux : « Leurs munitions en ce genre sont inépuisables, a dit récemment un publiciste célèbre (1); et si par impossible, ils pouvaient craindre qu'elles leur manquassent, ils auraient le temps et la facilité de les renouveler, car ils vivent long-temps sur la même ration : il est tel mensonge qui leur sert depuis sept ans, et qui est encore presque tout neuf, tant il était bien conditionné. Le rétablissement prochain des dîmes et des droits féodaux, et la restitution des biens nationaux, sont au premier rang parmi les mensonges qui ne s'usent pas ; du moins, les libéraux le pensent. Ils savent d'ailleurs qu'il ne faut jamais se lasser ni se décourager : aussi, quand il arrive, et cela arrive souvent, qu'une bien grosse et bien impudente absurdité lancée par eux, tombe

---

(1) M. Martainville.

sans effet et s'enfonce de tout son poids dans la boue du mépris public, ils ont grand soin de la relever, et de la lancer de nouveau : elle finit par porter coup, ils n'ignorent pas non plus, ces effrontés tacticiens, que les assertions les plus absurdes, et les suppositions même impossibles, sont précisément celles qui trouvent plus de crédit dans certains esprits, et cela les met fort à leur aise. » C'est ainsi que nos adversaires voudraient présenter au peuple notre Roi, nos Princes, comme les restes d'une famille qui opprime la nation depuis des siècles; à les entendre, l'auguste maison de Bourbon ne peut invoquer que le souvenir des maux dont ils prétendent qu'elle fut autrefois la cause. (1)

Eh, quoi! la nation se serait-elle affranchi du joug féodal si nos Rois ne l'avaient point détruit! ne leur devons-nous pas le bienfait de l'affranchissement des communes (2)? Quelle autre volonté que la volonté royale pouvait permettre au peuple de faire ce premier pas vers la liberté? Aucune. Avilie par de nombreux despotes, la nation gémissait dans l'abjection et dans l'ignorance; l'état déplorable du peuple était soigneusement entretenu par les seigneurs féodaux : la force Royale pouvait seule lutter contre cette armée d'oppresseurs. Mais, dit-on, nos Rois, en détruisant la féodalité, obéissaient à l'intérêt de la couronne ; leur but n'était pas d'affranchir le peuple, ils voulaient seulement asservir une noblesse dont la puissance pouvait être dangereuse pour le trône. Oui, sans doute, et tous les Rois de l'Europe avaient aussi intérêt à délivrer le peuple de l'oppression féodale : pourquoi ne l'ont-ils pas fait? il

---

(1) Voyez la lettre du sieur Cauchois Lemaire à M. Bellart.
(2) Institution de justices royales par Louis VI, en 1128.

faut donc reconnaître ou que nos Rois ont mieux compris l'intérêt de la couronne, et qu'ils ont eu la force de faire ce que cet intérêt leur commandait, où bien qu'ils avaient sur-tout pour but l'amélioration du sort de la nation. Et comment douter que cette dernière considération ait été puissante dans le cœur des Princes d'une famille qui compte parmi les Rois qu'elle a donnés à la France, ce souverain dont le peuple disait : « Notre père, le bon Roi Louis XII, est mort. » Nos adversaires se vantent sans cesse de posséder seuls des sentimens nationaux : l'ingratitude est-elle donc un sentiment français ?

Ne pourrait-on pas dire à ces artisans de scandales, à ces admirateurs de complots et de révoltes, qui rédigent aujourd'hui les journaux révolutionnaires avec l'esprit et le goût du père Duchêne : « Sans l'affranchissement des communes, et l'affaiblissement de la féodalité par les soins de vos Rois, vous seriez un vilain, serf dans un pauvre village, taillable et corvéable par un petit despote. Et sans les heureux efforts de François Ier. et de ses successeurs pour répandre les lettres dans la nation, vous ne sauriez pas lire, et vous ne vous douteriez pas qu'il pût exister une condition préférable à l'esclavage dont vos Rois vous ont délivré. »

Dans les dernières séances de la session, MM. les Députés du côté gauche ont annoncé qu'ils avaient la certitude que le ministère ferait usage des lois d'exception aussitôt que la Chambre serait séparée. « Vous aurez la censure des journaux avant quinze jours, a dit M. Benjamin Constant de Rébecque, vous aurez les Cours prévôtales et la suppression de la Charte », s'est écrié M. le comte Stanislas de Girardin. Enfin M. Manuel a fait un appel à la révolte, il a engagé positivement les citoyens à *chercher dans les armes les secours que des lois leur refusent;* et il a justifié d'avance ceux qui suivront ses bons conseils : « l'histoire, a-t-il dit, n'a pas flétri les peuples généreux qui ont cherché dans les armes le secours que leurs institutions leurs avaient trop long-temps refusé. »

Si d'aussi étonnans discours produisaient l'effet que les Députés libéraux ont peut-être l'imprudence de ne pas calculer, si leurs craintes pouvaient être partagées, si des Français ajoutaient foi à leurs sinistres présages, si leurs appels à la révolte étaient entendus, le Gouvernement du Roi serait dans un grand péril, car, de toutes parts, les citoyens s'armeraient contre lui. Et alors quel serait le ministre infidèle à ses sermens qui oserait s'opposer aux seules mesures qui puissent sauver le Roi, et rendre le repos à la Patrie ? disons-le, si les discours de l'opposition amenaient les séditions qu'ils provoquent, le devoir de chacun de MM. les Ministres serait de demander l'emploi des moyens extraordinaires que la loi a confiés au Gouvernement du Roi.

Ce sont des mesures provisoires, diraient alors les libéraux, elles sont odieuses à la nation. Le désordre que vos inquiétudes feintes, et vos appels à la révolte peuvent amener, lui est plus odieux encore, et, si vous obtenez les complots que vous désirez ardemment, pouvons-nous ne pas ôter aux factieux et aux hommes que vos discours ont séduits les moyens de troubler la France. (1)

---

(1) Un négociant me disait dernièrement : « J'attends impatiemment la séparation des Chambres ; l'inquiétude et la gêne qui règnent dans le commerce ne viennent que des discours de l'opposition. »

Avec quelle obstination on demande aux ministres du Roi, s'ils se serviront des lois d'exception ; leur réponse est simple : nous nous en servirons si les circonstances l'exigent. Mais, calomniant alors les intentions des ministres, on s'écrie : le Gouvernement supposera des circonstances graves, afin d'employer les lois d'exception. Et quel intérêt le Gouvernement peut-il avoir à se servir de ces lois, si des dangers réels ne l'y obligent pas ? Aucun. L'emploi des lois d'exception est une mesure qui répugne au Gouvernement, et dont les libéraux profiteraient certainement pour annoncer de plus grands dangers que ceux que l'on craindrait. Certes, les faits prouvent assez la vérité de ce que nous avançons. Depuis six mois le ministère ne s'est-il pas trouvé dans des circonstances très-graves ? Des conspirations éclataient sur plusieurs points du Royaume ; les fanatiques du régicide et de l'athéisme parcouraient la Capitale en criant : vive l'Empereur, vive la république ; ils faisaient le siège des églises, blessaient les prêtres à coups de pierre et menaçaient par un cri que les factieux ne pourront jamais séparer entièrement du cri français vive le Roi, car dire : vive la Charte, c'est dire vive l'œuvre de la sagesse du Roi. Des incendiaires parcouraient les campagnes et s'approchaient de Paris; Berton, à la tête d'une troupe armée, s'emparait d'une ville française, y arborait le drapeau sanglant de la révolution, et marchait sur Saumur : quel est celui des Gouvernemens qui se sont succédés pendant l'interrègne qui ne se fût pas empressé de solliciter des mesures d'exception dans des circonstances aussi extraordinaires ? Eh bien ! ces armes pour un moment de péril, les ministres les avaient dans leurs mains, et ils n'ont pas voulu en faire usage. Cependant les complots ont été déjoués ; les conspirateurs ont commencé leur attaque, et partout l'armée s'est indignée aux cris de la rébellion. Le peuple a conservé une attitude calme en voyant les révoltés prendres les armes, attaquer l'autorité légitime, et tomber dans les mains de la justice ; il a vu les efforts des factieux, leur attaque et leur chute, comme un spectacle auquel ses affections le rendent étranger ; partout on n'a répondu aux efforts des traîtres que par le cri français : vive le Roi !

Que ces derniers événemens éclairent enfin sur les vœux de la nation les hommes qui regrettent les dignités ou les richesses qu'ils recevaient des précédens Gouvernemens.

Des favoris de Bonaparte et des administrateurs enrichis des impôts perçus sur le *grand peuple*, et des contributions de guerre levées sur toute l'Europe, ont certainement vu avec *répugnance* le retour de la paix que nous a apportée l'auguste famille de nos Rois ; mais les magistrats, les négocians et tous les pères de familles, la nation enfin, si l'on en excepte les favoris et les satellites du tyran, s'est réjouie quand elle a vu enchaîner l'ogre qui la désolait depuis trop long-temps. Les hommes qui se déclarent en opposition avec le ministère du Roi, sont réellement en opposition avec la dynastie des Bourbons. La France veut le repos ; le peuple comprend que pour être ministre des Bourbons, il n'est pas inutile de les aimer ; il n'oublie pas que le ministre le plus populaire fut aussi le ministre le plus fidèlement attaché à son Roi (1), et les tentatives des ennemis de la Famille royale pour faire croire aux malheurs que les ministres

----

(1) Sully.

royalistes devaient amener, n'ont eu d'autre résultat que
de donner une préuve superflue de la haine profonde que
leur inspire les hommes qui aiment sincèrement les Bourbons. En effet, lorsqu'ils présageaient des malheurs épou-
vantables dans les premiers jours d'août 1822, la rente
était à 94 (1)

La session a offert une preuve évidente de la mauvaise
foi des membres de l'opposition. Lorsque des incendies
désolaient les départemens voisins de la Capitale, les orateurs libéraux demandèrent solennellement aux ministres
des mesures pour arrêter ces désastres; toutes leurs obser-
vations eurent le ton du reproche ; ils donnèrent même à
entendre que les ministres ne faisaient pas tout ce qu'ils
pouvaient faire dans un aussi grand danger. Cependant le
feu ayant été mis par des étrangers aux villages incendiés,
le seul moyen de faire cesser ces désastres était d'arrêter
les voyageurs incendiaires, et puisqu'on n'avait pris per-
sonne en flagrant délit, l'autorité devait fixer son attention
sur le moyen facile et légal qui lui restait pour empêcher
des scélérats qui agissaient par un motif que nous n'exami-
nerons pas ici, d'aller porter le feu dans de malheureuses
contrées. Aussi M. le ministre de l'intérieur ordonna-t-il
l'exécution rigoureuse des lois en vigueur sur les passe-
ports. M. le ministre de l'intérieur devait-il s'attendre, qu'à

---

(1) Plusieurs décisions ministérielles, rendues depuis l'avènement des
royalistes au ministère, prouvent que le Gouvernement actuel désire vi-
vement améliorer la condition des classes peu fortunées. S. E. le ministre
des Finances a pris particulièrement, le 17 juillet 1822, une décision
portant que les certificats de vie délivrés aux veuves des militaires, pour
recevoir en cette qualité des pensions sur le Trésor royal, ne sont pas
soumis au timbre.

l'occasion du droit sur les passe-ports, les orateurs de l'op-
posion lui reprocheraient les précautions qu'il avait prises, et
que le côté gauche avait lui-même sollicitées. (1) « On n'en-
tendait parler que d'incendies, ouvrages de la malveillance
la plus odieuse, a dit S. E. le ministre de l'intérieur; des
conspirations avaient lieu sur différens points, en fallait-il
plus pour exciter la sollicitude du Gouvernement? Cependant la circulaire n'avait pour objet que de rappeler des
mesures de vigilance, et non d'ordonner des mesures extraordinaires. »

Ainsi, le côté gauche a d'abord accusé les ministres de
ne rien faire pour prévenir les incendies, et quand il a eu
connaissance de ce que les ministres avaient fait contre les
incendiaires, il a subitement changé son accusation, et il
a cherché à faire croire que les mesures prises étaient des
actes arbitraires contre la nation.

Un orateur de l'opposition s'est particulièrement fait
remarquer par une imputation fausse et calomnieuse pour
M. le garde des sceaux; M. le comte de Girardin a dit, à
l'occasion des pensions : « M. le garde des sceaux aurait
pu vous dire que, depuis qu'il est en place, il a accordé
trois pensions très-peu égales; désirant placer près d'une
cour où il a exercé, et qu'il affectionne particulièrement,
trois juges; il a mis en retraite trois membres de cette
cour. » M. le garde des sceaux a répondu : « Je déclare à
la face de la Chambre et de la France, que ce que dit l'o-
rateur est de la plus grande inexactitude. Si l'orateur eût
voulu me demander des renseignemens avant de hasarder
de pareils faits, il se serait épargné la peine de les avancer,

---

(1) Séance du 7 août 1822. Discours de M. le comte de Girardin.

et à moi le regret d'être obligé de les démentir. » La ca-
lomnie proférée avec tant d'assurance par M. de Girardin, excite l'indignation : la réponse calme, pleine de dignité et de douceur, que lui adresse M. le garde des sceaux, inspire l'admiration et le respect.

Quel est le Français qui n'éprouve pas un sentiment très pénible en voyant les hommes vertueux qui composent le ministère actuel, en butte aux calomnies les plus basses et les plus atroces? Quelques misérables, avilis par les excès qu'ils ont commis, et qui sont devenus odieux à la nation par les crimes les plus exécrables, croyent-ils pouvoir encore en imposer au peuple français. Il est temps d'enchaîner le crime, et de paralyser ces restes hideux de la plus horri-
ble des révolutions. Le ministère sage et éclairé que nous avons le bonheur de posséder, ne doit pas oublier qu'il a des devoirs immenses à remplir : c'est à lui qu'il appartient de faire triompher la cause de la justice et de la légitimité, et d'opérer réellement la restauration française. Les talens et la fidélité de chacun de ses membres le rendent digne d'une tâche aussi honorable. Les royalistes doivent servir les ministres, et les ministres doivent aussi rechercher l'appui certain des hommes dévoués au trône. Jamais ils ne ramèneront à eux des hommes qui, depuis huit ans, profitent de la timidité de leurs adversaires et se jouent de leur bonne foi. Les faits prouvent que la faiblesse seule peut nous entraîner dans l'abîme; en effet, si tous les hommes qui tenaient le pouvoir entre leurs mains avant la révolution n'avaient point été renvoyés, exilés, ou guillo-
tinés par le gouvernement révolutionnaire, la ruine de la république et le rétablissement de l'ancien régime étaient assurés. Examinez quelle force conserve un Gouvernement

renversé, si les emplois à la nomination du Gouvernement qui triomphe restent occupés par les créatures du Gouvernement abattu. Tous les employés de l'ancien Gouvernement forment une ligne nécessairement offensive, car ils ont un intérêt opposé à celui des hommes nouveaux qui entrent dans l'administration ; ils redoutent le moment où on reconnaîtra enfin la nécessité de se défaire d'eux, et ils appellent de tous leurs vœux, ils amènent souvent par leurs efforts le renversement du ministère qui croit se les attacher en les conservant. Ces employés se considèrent aujourd'hui comme les hommes des places qu'ils ont occupées sous Bonaparte, et qu'ils ont conservées sous les Bourbons ; ils voient paisiblement la révolution grandir sous le nom de libéralisme et menacer la royauté : pour eux, la chute des Bourbons serait un spectacle qui ferait cesser agréablement la monotonie de leur existence, sans les exposer à perdre leurs places.

Mais, dit-on, ces employés ultra-libéraux agiraient plus ouvertement contre les Bourbons, si on les renvoyait ; il serait dangereux de les mécontenter. Il est bien plus dangereux de leur laisser des fonctions qui leur donnent les moyens de paralyser les efforts des royalistes pour l'affermissement de la royauté. Si les familles des fonctionnaires libéraux destitués deviennent plus libérales, les familles des royalistes qui les remplaceront deviendront plus royalistes ; et d'ailleurs, pourquoi ces hommes ingrats et perfides se plaindraient-ils quand on les priverait de tous grades et de tous emplois ? Le Gouvernement ne pourrait-il pas leur répondre : « Assez et trop long-temps je vous ai réchauffés dans mon sein ; vous avez regardé ma clémence comme une faiblesse ; vous en avez profité pour ourdir dans l'ombre des complots qui menacent mon existence, ou pour applaudir aux révoltes des traîtres plus effrontés que vous. Il est temps que ces désordres cessent ; je ne veux désormais appuyer que ceux qui me prêtent aussi leur appui. » Quant à la nation, elle n'est pas étrangère à ce débat, car elle veut le repos ; elle sait que ce repos dépend de la stabilité du Gouvernement royal, et de la répression des factieux, et elle ne voit pas avec sécurité toutes les administrations encombrées de *frères et amis* dont l'intérêt serait le renversement de la monarchie.

Le ministère se trouve placé sous le poids d'une responsabilité effrayante ; la nation est éclairée sur les intentions des chefs du parti révolutionnaire ou libéral ; leurs calomnies et leur hypocrisie populaire ne lui en imposent plus, elle sait qu'ils obéissent aux regrets de leur orgueil et de leur avarice ; elle apprécie la sincérité de cet amour du peuple qui n'est entré dans leurs cœurs que lorsqu'ils n'ont plus été les instrumens de l'oppression tyrannique de Bonaparte. Des demi-mesures n'assureraient pas le repos de la France. Si les factieux conservaient la force que le Gouvernement du Roi leur a si imprudemment laissée depuis huit années, le triomphe de la faction révolutionnaire serait certain, une carrière immense de malheurs et de désastres s'ouvrirait devant nous ; les Rois se coaliseraient encore pour venir éteindre ce foyer de révolutions et de crimes, et, sans doute, d'innombrables armées d'Europe et d'Asie envahiraient laFrance.

Que les amis de la civilisation et de la paix méditent le discours prononcé par un éloquent Député, M. De Labourdonnaye, dans la séance du 5 août 1822 : « La terre politique ébranlée en Europe, ou plutôt dans le monde entier, semble le menacer de nouveaux bouleversemens. Partout les lois impuissantes ne suffisent plus à réprimer le crime ; partout la police sans action est réduite à n'être que le témoin de ses excès.... Des mesures générales, promptes et énergiques sont indispensables. Tous les Gouvernemens menacés dans leur existence ont un égal besoin de se protéger, ce n'est pas seulement de l'intérêt de tous qu'il s'agit, c'est du repos et du bonheur des peuples, du bienfait de la civilisation dont on veut les priver. »

« Ministres du Roi, vous avez une grande tâche à remplir, des devoirs immenses vous sont imposés. Le salut de votre pays, le salut de l'Europe est tout entier dans vos mains. De grandes espérances vous ont accompagnées au ministère, vous avez peu fait encore pour les justifier. Cependant vous n'avez trouvé dans nos rangs ni ennemis, ni contràdicteurs. Libres du soin du provisoire sous lequel vous avez gémi, une ère nouvelle se prépare : faites qu'elle s'ouvre pour notre repos, et elle s'ouvrira pour votre gloire. »

Le Gouvernement royal a fait de cruelles et trop longues épeuves ; on ne peut s'empêcher de craindre que la monarchie ne marche à une ruine certaine, si le ministère ne confie pas tous les emplois auxquels il nomme à des royalistes, dignes de ce beau titre, à des hommes, en un mot, *dont l'existence serait compromise, si la monarchie était renversée.* Il est, je l'avoue à regret, des Français qui font partie de cette cathégorie respectable, et auxquels le Gouvernement n'accorde peut-être pas tout l'appui que la franchise de leur conduite, et les sacrifices qu'ils ont volontairement faits pour défendre la plus juste des causes, devraient leur mériter. N'oublions pas cependant que l'ingratitude a toujours conduit les ministres et les Gouvernemens à une ruine complette et inévitable.

Le peuple ne croit plus aux déclamations calomnieuses des traîtres qui, plus d'une fois, ont laissé connaître la haine qui les dirige, et qui *demandent toute espèce de Gouvernement hors celui des Bourbons* (1); il sait par expérience que les royalistes veulent faire jouir la nation de toutes les libertés consacrées par la Charte; la lutte reste donc entre les hommes monarchiques et les apôtres reconnaissans de la révolution et de l'empire.

Or, nos ennemis ont un avantage immense sur nous; le pouvoir est partout dans les mains des révolutionnaires et des bonapartistes : qui osera nier cette vérité? Quelques emplois supérieurs sont remplis par des royalistes; mais ces royalistes sont entourés par des employés inférieurs qui, pour la plupart, sont les ennemis acharnés de la royauté. Révolutionnaires placés par Robespierre, Carnot, Fouché, Barras, etc., ou favoris de maîtresses de *S. M. impériale et royale;* ces créatures des sanguinaires conventionnels, des méprisables directeurs ou de l'ogre, sont et seront toujours les ennemis des Bourbons. Ils comprennent très-bien que la monarchie a un intérêt positif à les renvoyer, et cette persuasion les empêchera toujours de servir franchement la monarchie. Ils appellent de tous leurs vœux un autre ordre de choses, ils font tout ce qu'ils peuvent faire sans compromettre l'emploi qu'ils doivent à la clémence du Roi, pour empêcher l'établissement ferme et stable du Gouvernement royal, et pour ramener

____

(1) Députation envoyée aux Souverains alliés , en 1815.

leurs premiers protecteurs dont le retour les délivrerait d'une inquiétude pénible. Souvenez-vous de ces paroles remarquables : *il existe une conspiration permanente contre la monarchie.* En effet ces fonctionnaires libéraux saisissent toutes les occasions que leurs places leur procurent pour persécuter les royalistes. Quel est le royaliste qui n'a pas essuyé quelques vexations de la part d'un misérable commis bonapartiste ou révolutionnaire ? Quand donc le Gouvernement du Roi retirera-t-il à ses ennemis le pouvoir qu'il leur a laissé si imprudemment, et qu'ils employeront toujours contre lui-même !

On ne peut assez le redire, la nation ne s'intéresse pas à cette foule de fonctionnaires et d'employés sans conscience d'abord révolutionnaires, puis bonapartistes, enfin royalistes à contre-cœur, et, sous toutes les formes, sous toutes les couleurs, toujours acharnés à saisir une part des impôts.

Vainement des institutions royalistes seront établies, vainement on obtiendra des lois monarchiques, si l'exécution n'en est pas bien assurée, et quelques emplois supérieurs occupés par des hommes sincèrement royalistes ne garantissent pas que cette exécution sera toujours dirigée dans le sens le plus monarchique, car les agens inférieurs ont une influence directe très-dangereuse : remplacez par des royalistes, tous ces employés que vous nourrissez et qui vous déchirent, et ceux que vous garderez deviendront plus souples. Une mesure générale et énergique peut seule assurer les élections royalistes. Le salut de la dynastie et celui de l'état dépendent de votre fermeté.

On lit dans l'admirable écrit de M. Clausel de Coussergues, intitulé : *Quelques considérations sur la marche du parti libéral.* « Bonaparte écrivait, en 1815, à Carnot, ministre de l'intérieur : mes commissaires feront une enquête sur les administrations et régies, sur les payeurs, percepteurs, officiers forestiers, employés de l'enregistrement, enfin sur tous ceux qui sont à ma nomination. Ils ôteront sur-le-champ tous ceux qui ont des dispositions opposées, et dont le salut public commande le remplacement. L'Europe fut obligée d'armer un million d'hommes pour renverser un Gouvernement si fortement organisé. Huit cents hommes avaient suffi pour détruire le Gouvernement de 1814, qui avait laissé les fonctions les plus importantes dans les mains de ses ennemis. » Enfin un publiciste éloquent a dit, dans un article aussi remarquable par la force et la clarté des pensées, que par la justesse et l'énergie des expressions : « Le mal qui ronge la monarchie est tout entier dans les hommes qui devraient lui servir d'appui. Tout le monde convient de cette vérité, et les esprits doctrinaires qui s'imaginent qu'il serait possible seulement avec des théories de fortifier le trône et la société, ignorent que c'est la sagesse et la fidélité des hommes qui sont les premières conditions de l'affermissement des empires. Faire des lois, c'est créer des instrumens ; mais que deviennent les instrumens sans la main industrieuse des ouvriers ? Jusqu'ici nous avons vu autour de la monarchie des esprits faux, des républicains, des bonapartistes, des libéraux, faudra-t-il continuer à leur confier la conduite des affaires publiques, sous prétexte que quelques lois ont été faites dans l'intérêt de la royauté ? qui l'oserait dire et qui l'oserait penser ? Si l'on veut profiter de l'avantageuse position où la Chambre laisse les ministres, leur premier soin doit être de détruire tous les germes de cet esprit révolutionnaire qui vit encore et se perpétue dans tous les détails de l'administration. Encourager les opinions royalistes aussi bien que les talens; honorer la fidélité; repousser la duplicité et la perfidie, tel est l'objet général d'un ministère dévoué; les moyens d'atteindre ce but doivent être connus d'un ministère habile, et l'époque qui commence va nous prouver sans doute que nous ne sommes pas trop confians en attribuant ce double mérite au ministère qui nous régit. Autrefois on disait aux royalistes d'attendre jusqu'après la session, pour leur dire plus tard de patienter jusqu'aux élections. Ces retards ridicules ont eu leur terme; les royalistes peuvent bien attendre, mais non pas la monarchie; ce qui n'attend pas non plus, c'est la révolution, qui marche toujours, et toujours avec une précipitation nouvelle, envahissant les générations, corrompant la jeunesse et desséchant le germe des vertus publiques. Et après que les royalistes auraient attendu au milieu de tous les progrès effrayans de la révolution, que resterait-il à leur dire lorsque le mal serait sans remède, et que la société serait en ruine. C'est déjà avoir trop attendu de huit années, et les conspirations qui éclatent et les sociétés secrètes qui démoralisent les jeunes esprits, et les écrits violens qui dénaturèrent toutes les notions de la morale, et l'ardeur des passions qui troublent les têtes; tous ces signes annoncent suffisamment qu'une plus longue attente serait fatale, et qu'il faut arrêter le torrent qui menace le monde si l'on ne veut pas périr au milieu de ses ravages. »

Il ne faut pas cesser de répéter que jamais occasion plus facile ne fut offerte à la puissance. Une session finissant par le triomphe public de l'opinion royaliste, un parti humilié, oppressé sous la terrible accusation de s'armer contre le trône et les lois; un ministère animé par des sentimens généreux et engagé par des discours récents comme par ses opinions dans tout ce qui peut fortifier le pouvoir ; toute la France attendant et appelant la fin des incertitudes passées ; des élections prochaines que la marche du ministère peut seule rendre favorables à la royauté; l'espérance des gens de bien, la crainte des factieux, la conscience publique, enfin, secondant d'avance tous les efforts du Gouvernement; voilà les circonstances heureuses qui semblent devoir montrer l'avenir sous un beau jour, et faciliter la ruine de toutes les factions que l'impunité soulève et qu'une seule volonté peut enchaîner pour toujours. » (1)

____

(1) Quotidienne du 11 août 1822.

De l'Imprimerie de RICHOMME, rue St.-Jacques, N°. 67.